dtv

Lehrerinnen und Lehrer gehören zu einer besonderen Spezies mit unendlich vielen Erscheinungsformen. Sie werden gefürchtet, aber auch verehrt, schlicht missachtet, aber auch mit Zuneigung bedacht. Sie kämpfen sich durch das Dickicht des Schulalltags, gebeutelt von ignoranten oder aufsässigen Schülerinnen und Schülern, denen sie andererseits auch ganz schön zusetzen können. Ihr wichtigstes Instrument ist die Sprache, bei deren Einsatz sie eine große Bandbreite entwickeln. Amüsante, höchst unterhaltsame Beispiele dafür sind die hier versammelten Aussprüche, die mit ihrer oft unfreiwilligen Komik die kleinen menschlichen Schwächen offenbaren, die den Lehrern die schmunzelnde Sympathie der Schüler und natürlich insbesondere der Leser dieses Buches sichern.

Reinhold Schaffrath, geboren 1946 in Meppen, promovierter Theaterwissenschaftler, Sänger, Schauspieler und Regisseur, war lange Jahre Musiklehrer an einem Gymnasium. Er ist als Dozent für Liedgesang und Autor heiterer Lyrik und Prosa tätig und lebt in der Nähe von Wien.

Ein Ochse ist nicht sehr für Züchtungen geeignet

Lehrer-Stilblüten

Zusammengestellt von Reinhold Schaffrath
Mit Illustrationen von Katharina Piriwe

Deutscher Taschenbuch Verlag

Originalausgabe
August 2004
© Deutscher Taschenbuch Verlag GmbH & Co. KG,
München
www.dtv.de
Das Werk ist urheberrechtlich geschützt. Sämtliche,
auch auszugsweise Verwertungen bleiben vorbehalten.
Umschlagkonzept: Balk & Brumshagen
Umschlaggestaltung: Catherine Collin unter Verwendung
einer Illustration von © Getty Images/Si Huynh
Satz: Greiner & Reichel, Köln
Gesetzt aus der Clearface 11/14,2
Druck und Bindung: Druckerei C. H. Beck, Nördlingen
Gedruckt auf säurefreiem, chlorfrei gebleichtem Papier
Printed in Germany · ISBN 3-423-20735-3

Inhalt

Vom Unterrichten im Allgemeinen

Höflichkeiten 9
Organisation ist alles 12
Überforderungen 18
Disziplinäres 23
»Freundlichkeiten« 32
Logisches Denken gefragt 39
Klassenbuchgeschichten 43
Ohne Noten geht es nicht 46
Erstaunliches 52
Sprichwörtliches 55
Zum Lehrer-Schüler-Verhältnis 57
Lehrer ganz privat 63
Selbsteinschätzungen 70
Ein Beruf wie jeder andere? 77

Vom Unterrichten in speziellen Fächern

Mathematik 83
Physik 88
Chemie 92
Biologie 95

Erdkunde 98
Kunst, Musik und Sport 102
Psychologie 106
Geschichte 111
Moderne Fremdsprachen 115
Alte Sprachen 119
Deutsch 123

Vom Unterrichten im Allgemeinen

Höflichkeiten

> Als Vorbild möchte der Lehrer, vor allem jener in den ersten Dienstjahren, stets höflich und rücksichtsvoll den Schülern gegenübertreten. Er weiß, dass sie es nicht immer schätzen, wenn sie durch seine Lehrtätigkeit gestört werden.

Entschuldigt, dass ich zu spät komme. Ich hatte ein Gespräch unter vier Augen: der Direktor, ein Schüler und ich.

Ich möchte euch etwas von Hemingway vorlesen. Habt ihr ein bisschen Zeit?

Entschuldigt, dass ich euch jetzt schon langweile!

Stört es euch nicht, wenn wir darüber eine Prüfung machen?

Hättest du die Güte, mich zu bemerken?

Ich nehme an, dass du das annimmst, aber du kannst auch dazu Stellung nehmen.

Da kann ich nur sagen: Hut ab. – Leider hab ich heute keinen mit …

Iss weiter, sonst erstickst du noch! Aber dann wieder aufhören!

Bitte wähl dich gequält aus!

Wollt ihr mir nicht eure Aufmerksamkeit widmen, oh ihr passiven Konsumenten dritten Ranges!

Entschuldigt bitte, dass ich zu spät komme, ich hatte ein Gespräch unter vier Augen.

Organisation ist alles

Dass der Lehrer sich auf jede Unterrichtsstunde sorgfältig vorbereitet, ist selbstverständlich. Aber auch während der Stunde ist exaktes Organisieren bis ins Detail notwendig. Dabei garantieren präzise Anweisungen des Lehrers den reibungslosen Unterrichtsablauf.

Es ist zwar blöd, aber ich mach jetzt was mit euch.

Jetzt teile ich schon seit fünf Minuten zwei Zettel aus, und du hast noch nicht einmal einen.

Nächsten Montag haben wir in der 1. und 2. Stunde eine dreistündige Klassenarbeit.

Wen ich jetzt aufschlage, der kommt dran (Notenheft auf-zu-auf-zu). Na ja, wer meldet sich freiwillig?

Wenn abgeschrieben wird, sammle ich sofort alle Hefte ein. Allerdings heute noch nicht.

Haben wir Kreide? Nein? Dann geh runter in die fünfte Klasse und nimm ihnen welche weg!

Mit der Statistik sind wir noch nicht fertig, genauer gesagt, haben wir noch gar nicht begonnen.

Schaut nach, ob etwas in der Zeitung steht oder im Radio!

Rechts kommt das Datum, egal wo.

Ich bringe morgen eine Liste mit, aber das wird nicht gehen.

Schülerin putzt schon seit zehn Minuten die Tafel. – Lehrer: Ist schon gut. – Schülerin: Ich muss noch polieren. – Lehrer: Nein, das Grüne geht nicht runter.

Die Wiederholung kommt immer wieder.

Jetzt zeigen die auf, die die Hausaufgabe nicht haben … Die bringen sie dann später – oder überhaupt nicht.

Ich hätte wieder einen Zeitungsartikel für euch. Aber ich weiß nicht, ob ich mich trauen soll ihn mitzubringen.

Hat jemand einen Cicero-Text? (Ein Schüler will dem Lehrer sein aufgeschlagenes Buch geben.) Ein anderer Schüler: Mach's zu, er soll selber suchen!

Das ist die einzige Klasse, wo man sich die Kreide selber holen muss. – Schüler: Sie werden sich an alles gewöhnen.

Ihr bekommt noch sechs Bücher über die Philosophie von mir. Drei habe ich heute schon mit, die anderen vier bekommt ihr das nächste Mal.

Schüler: Warum müssen wir unsere Fehler unterstreichen? – Lehrer: Erstens, weil's so ist. Zweitens, weil's seit Jahrhunderten so gemacht wird.

Ringeln wir das eckig ein!

Jetzt wird's intellektuell, jetzt können wir kurz unterbrechen.

Schüler: Aber Sie haben doch gesagt, manche sollten ihr Hausaufgabenheft verbrennen. – Lehrer: Aber das war ja nicht wörtlich gemeint.

Ab der nächsten Stunde habt ihr ein Heft mit. – Schüler: Darf es das Heft vom nächsten Jahr sein?

Da beeilen wir uns ein bisschen, dass wir mit dem Denken noch vor Weihnachten fertig sind.

Wer ist für den Test am 10.? – Keiner? – Wer für den 13.? – Einer – also die Mehrheit.

Auf die linke Seite kommen die Begriffe, und auf die rechte Seite kommen die Begriffe.

Abstimmung eines Wandertagszieles: Jetzt heben wir die Hände und machen Demokratie.

Überforderungen

> Gelegentlich erfüllen sich – aus welchem Grund auch immer – die Erwartungen des Lehrers an den Unterrichtserfolg nicht ganz. Durch verbale Analysen seiner Gefühle kompensiert er potenziellen Stress und gewinnt Sympathien bei seinen Schülern.

Wie heißt ihr zwei da in dem roten Pullover?

Da krieg ich einen Zorn. Das ist nicht pädagogisch, aber was soll ich tun?

Schüler (bei einem Referat): Er liebte die Lokomotiven, wie andere eine Frau. – Lehrer (in Gedanken versunken): Vergewaltigung einer Lokomotive …

Ein posimistisches ... positimistisches ... äh, tja, ein optimistisches Ende.

Eine Übersetzung, dass es der Sau graust. Das lass ich mir nicht mehr gefallen.

Manchmal zweifle ich nur, manchmal werden meine Zweifel auch bestätigt.

Ich habe auch Kinder, Kinder am Vormittag und Kinder am Nachmittag, das ist vielleicht ein bisschen zu viel.

So leckt mich doch und schreibt euch die Zeugnisse selber!

Ich habe einen Nachhilfeschüler, der kann überhaupt nicht Latein.

Vorlesen ist unnütz. Ich bin ja kein Märchenonkel.

Ich sag lieber nichts mehr. – Schüler: Ist eh besser.

Irgendwie erschütternd, aber ich habe einen Eindruck.

Die Witze, die du verstehst, kann ich dir nicht erzählen. Und außerdem kenne ich keine solchen.

Mir fällt dazu nichts ein. Das heißt, mir fällt schon was ein, aber das kann man im Unterricht nicht sagen.

Ihr habt einen Humor, der zieht einem alles aus.

Da war ich einmal pünktlich, und keiner war da.

Vorher war nichts, was ist jetzt? Ist nichts, oder ist was? War was, oder war nichts?

Das sind ja keine Abgründe (des Unwissens), die sich da auftun. Das sind Grand Canyons, Marianengräben …!

Hat es schon geläutet? Ich weiß nicht – ich hör's dauernd klingeln.

Es hat nicht unbedingt damit zu tun, ich meine es so ähnlich oder umgekehrt.

Der Star lächelte sexgefällig ... äh ... selbstgefällig ... siehst du, ich war schon wieder woanders.

Kannst du mich verstehen? – Schüler: Nein. – Ich mich auch nicht, weil ich mich so aufrege.

Ich werd wahnsinnig!!! – Schüler: Freunde, bald haben wir es geschafft.

Disziplinäres

> Klar formulierte Verhaltensregeln zur Erzielung eines störungsfreien Unterrichts, in dem Mitarbeit und Disziplin gewährleistet sind, sichern dem Lehrer den Ruf, Originalität zu besitzen.

Bitte in der Stunde leise essen! Nicht schmatzen!

Wer redet jetzt schon wieder gleichzeitig?

Wir können ja darüber reden, aber einer nach dem anderen. Wir sind ja nicht im Parlament.

Ihr müsst ruhig sein! Dann könnt ihr reden.

Was redest du die ganze Zeit? – Schüler: Er wirft ja meinen Kuli raus! – Das kann er höchstens einmal machen, dann ist die Angelegenheit erledigt.

Tut nicht turteln dahinten! – Schülerin: Wissen Sie überhaupt, wie turteln geht? – Nein, ist schon so lange her.

Wen ich jetzt noch überschreien muss, den passiere ich durchs Schlüsselloch.

Ich werd's euch geben, mich wegen meiner Geschichten auszulachen. Ab jetzt werd ich so trocken wie ein Grahamweckerl.

Nächstes Mal komm ich mit Fell und Keule in die Klasse.

Schüler: Ich verspreche Ihnen, dass ich ab der nächsten Stunde nie mehr stören werde. – Lehrer: Wieso, kommst du nicht mehr?

Ich weiß nicht, warum der Übermut der Klasse überschwappt.

Was bei uns in der Schule passiert, ist in Mexiko die Siesta.

Wenn es nicht sofort ruhig ist, dann lasse ich euch auf und ab gehen, und dann vergeht die Zeit noch langsamer.

Wie wär's mit einem bisschen Ruhe. Ihr seht mich eh nur noch ein paarmal. – Schüler: Das werden wir auch noch aushalten.

Man ist ja schon Extremist, wenn man einen geordneten Unterricht führt.

Warum muss es in der Klasse immer so laut sein? – Schüler: Das ist ein physikalisches Gesetz: Wenn alle reden, ist es eben laut.

Hört auf zu reden, ihr hässlichen ..., halt, es sind Damen, da kann ich das nicht sagen, ... also: seid still, ihr Widerlinge!

Ich nehme an, dass ihr das Unterstufenspiel »Schiffe-Versenken« spielt. – Schüler: Nein, wir spielen das Oberstufenspiel »Schiffe-Versenken«.

Hör auf mit dem blöden Grinsen! Das macht dich auch nicht gescheiter.

Schüler: Wir wollen nicht mehr. – Lehrer: Ihr müsst aber noch.

Ein Kino ist zu teuer zum Schlafen.

Schau in dein eigenes Heft! – Schüler: Da steht ja nichts drin.

Deine Meldungen in der Stunde sind so selten, dass ich sie an einem Finger aufzählen kann.

Schreit nicht so laut, sonst hör ich nichts.

Um ihn sitzen lauter Deppen, aber er kann trotzdem noch von ihnen profitieren.

Ich kann dir bei der Prüfung nicht helfen, weil ich die Klasse in Schach halten muss.

Du schreibst das als Strafe schriftlich.

Wenn das Gemurmel jetzt nicht aufhört, wird es regnen ... natürlich Minusse.

Wenn du noch einmal sagst: »Es hat geläutet«, bevor es geläutet hat, lernst du die ganze Uhr auswendig.

Bewahre uns bitte vor dem fürchterlichen Tod des Einschlafens!

Meine Geduld ist jetzt bis zum bitteren Rand am Ende.

In einer anderen Klasse war das immer so laut, eine richtige Klangwolke! Wir haben schon die Fenster aufmachen müssen.

Schüler: Herr Professor! – Lehrer: Ich habe dir kein Wort erteilt. – Schüler: Ja, deswegen schreie ich ja.

Jetzt hab ich's schon tausendmal gesagt. Jetzt sag ich's nicht mehr. Wer aufpasst, passt auf, wer nicht, ist wenigstens ruhig.

Passt doch auf! Ich rede ja nicht für die Wände, dass der Verputz herunterbröselt.

Nimm die Knie runter, oder ich werde als Gegenmaßnahme eine ähnlich provokante Stellung einnehmen!

Es ist verboten, dass Schüler in den Pausen das Schulgebäude verlassen. Denn es ist blöd, wenn sich die Lehrer am Kiosk hinter den Schülern anstellen müssen.

Meine Geduld ist jetzt bis zum bitteren Rand am Ende.

»Freundlichkeiten«

> Besonders erfolgreich sind Lehrer in ihrer pädagogischen Arbeit, wenn sie mangelnder Leistungsbereitschaft der Schüler dadurch begegnen, dass sie ihnen historische Einblicke in Formulierungskünste ihrer Vorgänger aus der pädagogischen »Steinzeit« verschaffen nach dem Motto: Je deftiger, desto effektiver.

Du kommst immer oben-ohne in die Schule: Dein Hirn lässt du zu Hause.

Was unterscheidet diesen Nagel von dir? – Der Nagel hat einen Kopf.

Bei dir merkt man, dass du viel Salat isst. Du bist ja noch ganz grün hinter den Ohren.

Ich kann deine Gedanken nicht lesen. Du hast keine.

Du greifst dir ans Hirn. Ist gar nicht notwendig. Du findest es eh nicht.

Sag wenigstens »Muh«! Es würde mich zwar aufregen, aber du hättest wenigstens irgendetwas gesagt.

Geh aufs Klo! Vielleicht fällt dir dort was ein.

Schüler (zu einem anderen): Du bist ein Trottel! – Lehrer: Das brauchst du nicht so laut zu sagen. Das weiß sowieso jeder.

Hundertmal gehabt – hundertmal erklärt – Holzköpfe!

Reiß dich zusammen, sonst reiß ich dich auseinander!

Es ist denkbar, dass es »in« ist, nichts zu können.

Minus – Doppelminus – Trottel.

Bursche, dir ist ein Ziegel auf den Kopf gefallen.

Zieh den Kaugummi raus! Ob mit oder ohne Zähne ist mir wurscht!

Du solltest einmal dein Hirn belüften, indem du andere Schuhe anziehst.

Du bist der größte Schulschwänzer. Schreib's auf! Unterstreich's rot! Rahm's ein und häng's dir übers Bett! Und dich selbst hängst du daneben!

Schüler: Ich finde das schon deprimierend, dass man mir zum Selbstmord rät. – Lehrer: Das hab ich nicht gesagt. Ich meinte nur, du solltest der Wissenschaft einen Dienst erweisen.

Das sind die Wichtigtuer, die blinden Hennen, die ein Korn sehen und sofort gackern müssen!

Hier in dieser sympathischen Klasse wirst du dich bestimmt – Kommando zurück – hier in dieser Klasse wirst du dich sicher wohl fühlen.

Ich werde dir das Leben sauer machen. Zum Schluss bist du dann eine Essiggurke.

Hoffentlich hast du eine Tabelle mit den Buchstaben da, sonst kannst du überhaupt nicht lesen.

Ihr wart nicht auf dem Skikurs. Ihr könnt nicht Schnee im Gehirn haben wie alle anderen.

Jetzt weiß ich, was du gegen Ameisen hast. Die sind fleißiger als du.

Wir haben also jetzt das Thema unter der schlafenden Zuhörerschaft begraben.

Du hast die Mentalität einer Kröte!

Niveau null. Jungsteinzeit, weil sesshaft bist du ja schon.

Du musst irgendwo noch ein Stückchen Gehirn gehabt haben, das ich übersehen habe.

Trotz eifriger Bemühungen meinerseits ist es mir nicht gelungen, dir eine Fünf zu verpassen.

Ich will dich nicht beschimpfen, du Dorftrottel!

Wenn du überlegst, tut dir dann eigentlich etwas weh?

Über körperliche Züchtigung: Wenn es die Gesetze nicht gäbe, würdest du zahnlos lächelnd durch die Schule gehen.

Es gibt blöde und sehr blöde Menschen. Blöd bist du nicht.

Logisches Denken gefragt

> Alles im Unterricht Gesagte sollte den Gesetzen der Logik entsprechen, zumindest dem Anschein nach. Je unmissverständlicher und prägnanter die Sprache des Lehrers ist, desto besser kennen sich die Schüler aus. Meistens.

Ja, gestern hab ich mit dem Denken begonnen.

Es ist zwar nicht viel, aber dafür wenig.

Wir werden alle auf den gleichen Nenner kommen. So oder so, aber wahrscheinlich so.

Wenn du das nicht kannst, gibt es nur zwei Möglichkeiten: Entweder du bist zu dumm – oder zu faul – oder du passt nicht auf.

Wenn ich deine Eltern wär …

Das kann dir egal sein! – Schüler: Das ist es mir auch. – Das soll es dir aber nicht!!!

Wie soll ich wissen, was auf deiner leeren Seite steht?

Lehrer: Der äußere Schein trügt. – Schülerin: Sie sehen sehr hübsch aus.

Vor lauter Reden hab ich jetzt den Gedanken verloren. – Das kommt davon.

Langsam arbeiten! Ihr habt für diese Arbeit nicht mehr viel Zeit.

Ihr habt einen Durchschnitt von 2,3. Damit seid ihr nicht super. Die 12a hat einen von 1,9. – Schüler: Logisch, die sind ja auch weniger.

Die Leitung dieses Projektes habe ich mit mir geteilt.

Es gibt Berufe, die es nicht mehr gibt.

Ich bin zu schnell. Mein Gehirn macht nicht mit.

Nicht oft, aber selten!

Eines der drei geht oder alle zwei oder eins.

Ich zitiere den seligen Professor – das heißt, selig ist er nicht. Er ist noch nicht gestorben. Aber vielleicht wird er es einmal.

Wir haben später angefangen, dafür hören wir früher auf.

Bleibt sitzen und geht dorthin!

Habe ich Recht oder stimmt's? – Schüler: Es stimmt.

Die jetzt nicht fertig sind, werden länger brauchen.

Klassenbuchgeschichten

> Das Klassenbuch gilt als amtliches Dokument und muss in jeder Unterrichtsstunde, egal wo sie stattfindet, vorliegen. Eingetragen wird nicht nur der Lehrstoff, sondern werden auch Schüler, die fehlen oder den Unterricht stören, weil der Lehrer einmal einen schlechten Tag hat. So erfahren es auch die Kollegen ...

Ich schreibe dich ins Klassenbuch, ins nicht vorhandene, wenn du willst.

Wo ist das Klassenbuch? – Schüler: Ja, das heißt Klassenbuch, deshalb ist es in der Klasse und nicht im Chemiesaal.

Du bist als fehlend im Klassenbuch eingetragen. Warum bist du da? – Schüler: Ich bin unentschuldigt anwesend.

Jedesmal, wenn das Klassenbuch fehlt, trage ich die ganze Klasse ins Klassenbuch ein.

Schülerin: Warum wird das ins Klassenbuch eingetragen, wenn wir eh eine Regel-Entschuldigung haben. – Lehrer: Damit die Direktion als erste weiß, dass du schwanger bist.

Beim Eintragen ins Klassenbuch: Heute ist der 19. – Wahnsinn, so spät ist es schon!

Seid doch nicht so ekelhaft! Sagt mir doch endlich, wer fehlt!

Ich sehe ein paar, die nicht da sind.

Ein paar sind hier ... das freut mich.

Für das Beschmieren des Klassenbuches kann man 30 Tage bekommen. Schüler: Schulfrei?

Der Widerling ist zu spät gekommen. Aber heutzutage muss man froh sein, dass er überhaupt kommt.

Bitte, das ist kein Spaß mehr. Wer möchte wirklich ins Klassenbuch?

Ohne Noten geht es nicht

> Keine Schule ohne lästige Prüfungen und Noten. Die Schüler mögen sie nicht, weil sie zur Verlängerung ihrer Schulzeit führen können, die Lehrer nicht, weil die damit oft verbundenen Korrekturarbeiten Verkürzung der Freizeit bedeuten. Niemals würde ein Lehrer eine Prüfung als Disziplinierungsmaßnahme festsetzen ...

Wenn du ein Genügend willst, musst du mich bei der Prüfung mindestens dreimal befriedigen.

Ich will dir zwangsläufig eine gute Note geben. Aber es gelingt mir nicht.

Gute Lehrer geben gute Noten. Ich gebe nur schlechte Noten.

Mitarbeit gleich null – also Fünf.

Keine Grundlagen. Weißt nichts! Kannst nichts! – Schüler: Macht nichts.

Lehrer: Wer kommt heute dran? Evi, bitte! – Evi: Ich war krank. – Doris: Ich war die Evi besuchen. Es stimmt. – Lehrer: Wo wart ihr? – Evi: Im Bett. – Lehrer: Dann fragen wir lieber nicht weiter …

Fast schlecht ist bei mir Fünf.

Nachdem ich einige nicht mehr drannehmen kann, werden die Noten teilweise so sein wie im letzten Halbjahr: manche schlechter, manche besser.

Der Huber teilt sich das so ein: Entweder ist er nicht da, oder er war nicht da. So kann man ihn nie fragen.

Du kannst nicht in allen Fächern eine Fünf haben und dann zur Prüfung antreten, weil du überall gleich gut bist.

Wie soll ich eure Hausarbeiten bewerten? Nach dem Blutdruck?

Dein Bruder hat vom Unterricht alles mitbekommen und du den Rest.

Der Schüler hat zwei Fünfen mit vier Rufzeichen gehabt. – Die dritte Klassenarbeit hat er dann aus taktischen Gründen versäumt.

Beurteilung einer Klassenarbeit: Rotkäppchen war gefragt. Du hast Hänsel und Gretel geschrieben.

Lehrer nach Verbesserung einer Klassenarbeit: Ende gut – alles schlecht.

Er steht auf Fünf und wird auch eine kriegen, wenn nicht ein Wunder geschieht. Aber er sieht nicht aus wie ein Wundertäter.

Wenn jemand zwischen zwei Noten steht, muss ich prüfen. Du kommst dran, denn du stehst zwischen Eins und Fünf!

Weißt du, was eine Feststellungsprüfung ist? Da stellt man fest, ob du ... na ja, jedenfalls wirst du pädagogisch betreut.

Du hattest neun Monate Zeit, um das alles zu lernen. Andere Leute haben in dieser Zeit ein Kind fertig.

Weißt du das jetzt oder nicht? ... Ach so, ich hab ja noch nicht die Frage gestellt.

80 Prozent von euch hätten eine Fünf verdient. – Schüler: So viele sind wir ja gar nicht!

Du gehst am Rande eines Minusses spazieren!

Ich kann dir keine Zwei geben, sonst bricht mein ganzes System zusammen.

Ein bisschen hab ich nachhelfen müssen, aber eine Orientierung war da. Man kann behaupten, der Gegenstand wird hier unterrichtet.

Ich freue mich schon, wenn ihr beim Abitur die Themen seht. Ihr werdet die Hosen runterlassen und euch in den Hintern beißen.

Eine Abiturfrage von mir lautet immer gern …, nur stell ich sie dann nie.

Heute ist der 7., also bist du mit der Prüfung dran! – Schüler: Heute ist aber der 11. – Lehrer: Ist mir egal, außerdem ist es ja 7 Minuten vor dem Läuten.

Die anderen Themen waren ganz schwer nicht zu verfehlen.

Erstaunliches

> Den besonderen Reiz des Schulalltages bildet das nicht Alltägliche. Dazu gehören nicht nur die liebenswerten Streiche der Schüler. Auch eine unerwartete Beschreibung eines Umstandes, der im Grunde selbstverständlich ist, kann bisweilen für Abwechslung und Heiterkeit sorgen.

Die erste Stunde seid ihr noch müde. In der zweiten seid ihr wieder müde.

Du hast dich doch wohl nicht irgendwie in der Schule geirrt?

In der dritten Klasse war die Uschi noch ein liebes kleines Mädchen. – Jetzt ist sie nur noch ein Mädchen.

Ja, weißt du, nicht beim Skikurs mitfahren und dann als Einziger mit 'nem Gipsbein dasitzen, das ist schon pervers.

Christine, was ist an einem Wasserhahn so faszinierend? – Da kann man Tropfen zählen. – Und wie viele sind es denn? – In Ihrer Stunde ziemlich viele.

Ich weiß nicht, was das soll: Er übersetzt und du zeigst ihm deinen Gürtel.

Für diese Klasse ist nie etwas zu leicht.

Die Aussteiger schaun heute ja alle gleich aus. In Wien zum Beispiel gibt es ein Geschäft, wo man Uniformen für Nonkonformisten kaufen kann.

Es war die Nachtigall und nicht der Wecker.

Als Außenstehender merkt man's, wenn zwei verliebt sind. Aber selber merkt man's nicht.

Es ist sehr aufschlussreich, in ein Heft zu schauen, in dem nichts steht.

Mädchen lernen immer besser, ganz klar: Die Mädchen lernen es. Die Buben verstehen es.

Was sich Mädchen alles ins Gesicht schmieren, geht auf keine Kuhhaut.

Sprichwörtliches

> So manche Stilblüte oder
> skurril wirkende Formulierung
> eines Lehrers in der Klasse
> klingt fast wie ein Sprichwort.
> Man glaubt, es schon einmal
> woanders gehört zu haben.

Das Unwesentliche müssen wir genauso beherrschen wie das Nicht-Wesentliche.

Lieber niederträchtig als hochschwanger!

Man soll nicht ins Fettnäpfchen treten, wenn man im Glashaus sitzt.

Jeder gute Wille wird im Keim erstickt.

Schülereide und Mädchenschwüre sind mit Vorsicht zu genießen.

Zwei Augen sind selten allein.

Hochzeiten sind sehr lästig, wenn man nicht zufällig selbst eine hat.

Mit vollem Mund sagt man nicht vor.

Die Schularbeit ist wirklich ein Bein am Klotz.

Zum Lehrer-Schüler-Verhältnis

> Der gute Lehrer liebt seine Schüler und zeigt stets Verständnis für ihre individuellen Eigenheiten. Er ist hilfsbereit und interessiert sich, ohne neugierig zu sein, auch für das Wohlbefinden der Schüler. Natürlich immer aus geziemender pädagogischer Distanz.

Wenn du mit dem Ausziehen fertig bist, können wir ja anfangen.

War das für dich genug befriedigend, oder willst du noch mehr von mir?

Jetzt redest du immer noch, und dabei hab ich dir schon die Scheidung angetragen.

Ich bin nicht empfänglich, weder für Jungen noch für Mädchen.

Lehrer (gestört von einem Unterstufenschüler, der ein Zeichendreieck ausleihen möchte): Da hast du es, und bring es nie wieder!

Du wirst immer mehr zum Charming-Boy der Klasse. Mir friert bald das Gesicht ein.

Freiheit gibt es nicht. Wenn ich dir sage, was Freiheit ist, verklagst du mich wegen Beleidigung.

Ich werde nicht dafür bezahlt, dass ich charmant bin. – Schüler: Dafür würden Sie auch nicht viel kriegen.

Ich muss mich ja selbst in Stimmung bringen. Ihr schafft's ja nicht.

Bleiben wir an der Decke!

Du hast einen Freund, und mit dem verbindet dich etwas. Du hast einen Lehrer, mit dem verbindet dich etwas anderes. – Schülerin: Hoffentlich.

Also erzählt mir, was ihr so in den Ferien gemacht habt! Aber ich möchte nicht in eure Intimsphäre eindringen.

Zu einer Schülerin, die die Klasse wiederholt: Bist du mir treu geblieben?

Ich kümmere mich um euch wie eine Pute.

Was hast du am Wochenende gemacht? – Schüler: Gekocht. – Lehrer: Und wie geht es deiner Familie?

Hämisch grinsen und sagen: »Du kannst mich gern haben.« – Aber ich habe dich nicht gern.

Was, er fehlt am Donnerstag? Da kriege ich ja Entzugserscheinungen.

Du erzeugst in mir Aggressionen, und langsam, trotz deiner schwarzen Jacke, wirst du zum roten Tuch für mich.

Da hinten ist eine Dependance vom Irrenhaus. Da muss ich hin.

Warum streicheln Sie den Projektor? In Ihrem Alter hab ich da schon was anderes gewusst.

Ich möchte bei euch zu Hause einmal Mäuschen spielen. – Schüler: Ja, wir haben eine scharfe Katze daheim.

Bei den Exkursionen muss ich immer eine Gouvernante für die Mädchen mitnehmen. Das ist so – leider, leider!

Sie gefallen mir heute viel besser … schriftlich natürlich.

Erzähl mir das unter Wasser!

Zieh dich an, wenn du mit mir reden willst!

Ich sehe, das funktioniert nicht mehr mit uns. Ich werde mich wieder mehr um dich kümmern.

Fräulein H., können wir etwas miteinander machen? – (Gelächter) – Wären Sie ein anständiges Mädchen, hätten Sie »Nein« gesagt.

Ich werde dich langsam wieder an mich gewöhnen.

Lehrer ganz privat

> Der Lehrer zeigt sich von seiner besonders menschlichen Seite, wenn er im Unterricht über ihn betreffende private Dinge plaudert. Er will damit keineswegs um die Gunst der Schüler buhlen, allenfalls denkbaren Disziplinproblemen erfolgreich begegnen.

Im Lehrerzimmer liegt ein riesiger Haufen, der einem Kollegen gehört.

Allerdings, Blinddarmentzündung hab ich auch einmal gehabt, aber ich war gewissenhaft genug, das in den Ferien zu kriegen.

Wenn ich heute so komisch herumgehe, hängt das damit zusammen, dass ich mir beim Noteneintragen das Kreuz verrissen habe.

Seit ich im Lehrerturnen war, kann ich mich wieder bücken.

Wenn ich chinesisch essen gehe, bemühe ich mich immer, immens höflich zu sein, fast asiatisch. – Ich bemühe mich, fast asiatische Gesichtszüge anzunehmen.

Wenn jemand mehr als zwei Bier trinkt, sag ich schon was. – Schüler: Prost.

Ihr seid eine so depperte Klasse. Mit so was muss ich zum Abitur gehen. Ich glaub, da gibt's nur noch eine Möglichkeit: Ich werde wieder einmal schwanger ...

Ich bin zwar nicht von gestern, aber auch nicht von vorgestern ... eine zwanzigjährige Jungfrau wirst du heutzutage eher selten finden.

Ich wollte einmal eine Schlafkur machen. Aber ich habe so viel Angst, dass ich nicht mehr aufwache.

Ja, er ist ein sehr alter Professor … und sehr gut, ja ich glaube, er ist sogar schon tot.

Eine Bekannte von mir … ich weiß nicht, ob sie noch lebt, deshalb kann ich auch nicht sagen, ob sie eine Bekannte von mir ist …

Wie ich ihn kennen gelernt habe, war er schon sehr alt. Ich glaube, er war schon immer sehr alt.

Ich kenne im Burgenland zwei Dörfer, die wohnen direkt nebeneinander.

Also heute bin ich in die Direktion gegangen, und da ist mir ein schönes Heft ins Auge gesprungen ... Nein, nicht dass ihr glaubt, ich bin jetzt verletzt oder was.

Ich hab gestern wieder ein Erlebnis gehabt, will jetzt nicht darüber reden ... erzähl's aber doch.

Beziehungen zu älteren Frauen können von Vorteil sein. Also seht euch rechtzeitig um!

Wenn Picasso ein Bild malen würde, wo er draufschreibt: »Weiblicher Akt« ... ich weiß nicht, ich würd's für ein Verkehrsschild halten.

Ich bin gerne im Zoo. Ich halt auch viel vom Schönbrunner Zoo. Ist eh klar, ich bin ja dort aufgewachsen.

Ich werde mich hinter meinem Fieberwahn verstecken.

In meiner besten Zeit warst du dick gegen mich.

In dem Kohl waren solche Löcher drin. Aber ich ess ihn, weil ich sage: »Wenn's der Raupe schmeckt, schmeckt's mir auch.«

Wie die Taschenrechner im Laufe der Zeit immer billiger und besser geworden sind, da habe ich mir gedacht: »Jetzt schlägst du zu.«

Tee ist ziemlich anregend. Da stehst du in der Früh senkrecht im Bett und singst die Nationalhymne.

Am besten schlafe ich, wenn der Staubsauger geht. Oder: Wenn ich schlafen will, dann stelle ich meinen Computer an, der macht so ein Betriebsgeräusch, und in drei Minuten bin ich bewusstlos.

Ja, Lehrerkinder sind alle Flegel. Das weiß ich aus eig... äh, aus Erfahrung.

Früher hat man den Kindern Milchbrei gegeben. Aber ich ess das heut noch gern.

Seit Jahren trau ich mich schon nicht mehr, in der Schule meinen Bizeps zu zeigen, da mir dabei immer das Hemd aufreißt. Meine Frau schimpft dann mit mir ...

Wenn ich auf einer Safari in Afrika den Schlüssel von der Schule verlieren würde, müssten alle Schlösser in der Schule erneuert werden, damit mit dem verlorenen Schlüssel kein Schindluder getrieben werden kann.

Ich war mein ganzes Leben schon nicht mehr auf einem Fußballplatz.

Warum ich Französischlehrer wurde? Wenn es um heikle Themen ging, sprachen meine Mutter und meine Tante nur Französisch, damit ich es nicht verstand …

Selbsteinschätzungen

> Ohne ein Mindestmaß an Selbstbewusstsein kann niemand in seinem Beruf erfolgreich sein, auch der Lehrer nicht. Sein Auftreten vor den Schülern bietet ihm ständig die Möglichkeit, sich durch Artikulieren seiner Meinung und durch Selbstdarstellung zu profilieren.

Es glaubt mir keiner, dass die Klasse noch blöder ist, als ich ausschau.

Auch ich mache Fehler, aber fast nur selten.

Meine Methode ist immer die richtige!

Meine Devise ist: Ich ärgere dreißig Schüler, bevor mich einer ärgert.

In Mathematik muss man nur zusammenzählen und subtrahieren können. Ich kann nicht einmal das und lebe auch.

Ich habe zwar nie Französisch gelernt, aber ich kann es trotzdem natürlich.

Ich hab schon Paprika mit Zimt verwechselt. Das war ein durchschlagender Erfolg.

Chemie hat mich nie interessiert. Ich hab nie die Formel von Pferdeblut gewusst.

Mein Gesicht mag nicht liebenswürdig sein, aber auch nicht stumpfsinnig. – Es reizt zumindest nicht zum Gähnen.

Jetzt hab ich das Wurzel am Übel gepackt.

Wenn ich frage: »Ist das so oder so?«, dann ist das immer *so*!

Gleich sind wir geboren. Darum sind wir alle gleich blöd.

Mit guten und intelligenten Kindern bin ich immer gut ausgekommen. Gleich und gleich gesellt sich gern.

In meiner Stunde erkläre *ich*!

Ich bin doch nicht taub, hörst du, das einzige, was ich noch nicht bin.

Ich bin nicht die Direktion.

Es ist schon lange her, dass ich's vergessen habe.

Die Sitzordnung gefällt uns nicht. Mit uns meine ich immer mich.

Stören wir nicht! Die Götter strafen das, und ich bin ihr Werkzeug.

Die, denen ich den Kopf abgebissen habe, leben alle noch – quietschvergnügt.

Jeder Lehrer hat einen gewissen Hang zum Sadismus.

Ich hoffe, die Schülerzahl senkt sich, sonst senke ich sie.

Ich halte mich zwar für zeitgemäß, aber nicht für modern. Ich würde mir keine solchen schwarzen Böcke kaufen.

Ich bin ja nicht von heute.

Die Spatzen pfeifen's von den Dächern, mir staubt's bei den Ohren raus – und wir wollen es immer noch nicht erkennen.

So ein Blödsinn, völlig sinnlos ... das war so blöd, dass sogar ich mir's gleich gemerkt habe.

Ihr müsst in mir auch mal den Menschen sehen!

Ich arbeite mich zum Krüppel, aber ich lebe davon.

Ein Beruf wie jeder andere?

> Bekanntlich ist noch kein Meister vom Himmel gefallen. Auch kein Schulmeister. Oft mühsam muss er sein Brot verdienen und sich dabei bewusst sein, dass seine für die Schüler unübersehbaren Schrulligkeiten im Laufe der Jahre zugenommen haben.

Schrecklich, diese Lehrer gehören einfach abgeschafft.

Ich bin gerade dabei, Reifeprüfungsthemen zu gebären.

Ich tu halt ein bisschen unterrichten.

Also, wenn wer hysterisch wird, dann ich. Das ist das Vorrecht der Berufstätigen.

Es ist traurig, dass man nicht einmal in eine Klasse gehen kann, in der ein Wirbel ist, denn am Ende ist noch ein Lehrer drinnen.

Lehrer und Ärzte haben statistisch gesehen die geringste Lebenserwartung. Die Pension ist schön … wenn ich sie erlebe.

Ich möchte nicht dauernd das Buch zitieren, weil es ja nicht der Sinn des Lehrberufes ist, immer nur aus einem Buch vorzulesen. – Schüler: Eben, sonst könnte ja jeder Trottel Lehrer werden.

Du bist in meinem Gehalt nicht enthalten. Für dich braucht man keinen Lehrer, sondern einen Wächter.

Ich habe ein geringes Gehalt. Für dieses Gehalt bin ich nicht bereit, mit dir zu diskutieren. Alles, was ich mit dir rede, liegt nicht mehr in meiner Bezahlung.

Stellt euch vor, ich habe sechs Stunden wie diese: Ich müsste meinen Beruf aufgeben.

Ich hoffe, dass, wenn du in der Zeitung liest, »Lehrer erhängt sich wegen vollkommener Unwirksamkeit seiner Lehrmethoden«, du dich kurz besinnst.

Schüler zu einem anderen Schüler: Du bist wirklich der größte Trottel! – (Lehrer blickt entsetzt auf.) – Schüler: Ich hab diesmal wirklich nicht Sie gemeint!

Es muss auch ungerechte Lehrer geben.

Ja, der Dichter wird geboren, der Bäcker fällt vom Himmel, und die Lehrer schickt der Teufel.

Ich arbeite mich zum Krüppel, aber ich lebe davon.

Du bist die Lösung für das Lehrer-Arbeitslosenproblem. Bei dir würde sich die Schulzeit um mindestens drei Jahre verlängern.

Die schlimmsten Schüler werden Lehrer.

Lehrer wirst du, weil du spinnst oder die Beglückungsmanie hast.

Vom Unterrichten in speziellen Fächern

Mathematik

> Als Wissenschaft von den gesetzmäßigen Beziehungen reiner Größen und räumlicher Gebilde erfordert Mathematik bei der Vermittlung wie kein anderes Unterrichtsfach größte Präzision.

Wo der Verstand aufhört, fängt die Mathematik an.

Diese Kurvendiskussion sieht genauso aus wie die letzte, nur anders.

Eine Kugel ist ein Kreis, der sich in der dritten Dimension ausdehnt.

Wie geht es auf der anderen Seite? Nun, genauso – nur umgekehrt.

Wie viel sind 4,5 Hektar? Drück das in Fußballplätzen aus!

Kaufen wir einen Topf Farbe für zehn Quadratmeter, streichen wir an, und wenn alles weg ist, waren es genau zehn Quadratmeter.

Er erreichte ein Maximum, er wird Null und schwillt wieder an.

Der Zylinder verdeckt einen Teil des Parallelogramms ... Und jetzt rächt sich das Parallelogramm und verdeckt den Zylinder.

Unendlich ist wirklich weit weg.

Das ist so ein Beispiel von der Sorte: Gegeben nichts, gesucht alles.

Das a und das q sind nicht so groß, aber das c hoch 3 im Nenner ist maßlos deprimierend.

Mit so einer Zahl rechne ich keinen Schritt weiter.

Wir brauchen zwei gleich große DIN-A4-Hefte.

Der Abstand zweier Punkte wird erklärt: Die Wurzel der Summe der Quadrate der Differenzen der Koordinaten. Ist ja einfach, oder?

Ich zeichne das jetzt ohne Hände.

Es gibt schlimme und brave Funktionen.

Deine Ellipse sieht aus wie eine Alpenzuchtsau: so langgezogen!

Lehrer mit Zirkel: Ich hoffe, ihr kennt dieses Gerät. Geldstücke und Ähnliches sind nicht geeignet.

Angenommen, 15 Leute sitzen um einen runden Tisch und stoßen miteinander an. Berechne, wie oft jeder mit jedem stößt.

An einem hyperbolischen Paraboloid gibt es gerade Geraden.

Wenn du in ein Geschäft gehst und ein Produkt aus Milch und Brot kaufst und du kannst die Produktregel nicht, bist du aufgeschmissen.

Das ist fast zu wenig ungenau.

Physik

> Gesetzmäßigkeiten und Vorgänge, die in der Natur nicht beeinflussbar sind, lassen sich im Physiksaal der Schule im Experiment eindrucksvoll demonstrieren.

Das Gleichgewicht liegt auf der linken Seite.

Man nimmt ein Pendel mit der Länge l und der Masse m, und wenn man den Faden abschneidet, fällt es herunter.

Das hängt von der Dünnität des Blechs ab.

Der erste Draht weiß vom zweiten nichts.

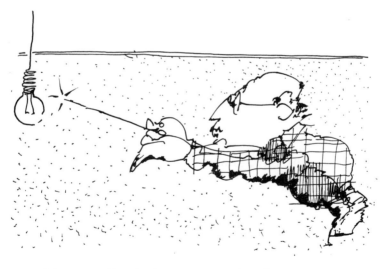

Seid leise, vielleicht hören wir es leuchten.

Seid leise, vielleicht hören wir es leuchten.

Ihr seht die Spitze von der Kugel.

Wenn man so schaut: Viele Vorteile hat der Nebel nicht.

Jetzt sind wir noch in den niederen Sphären der Physik, aber bald kommen die höheren Sphären: Einstein, und dann geht's weiter mit ... – Schüler: Zweistein, Dreistein ...

Was ist ein Atom, und was ist ein Molekül? – Schüler: Ein Atom ist ein Atom, und ein Molekül sind Atome.

Elektrizität entsteht, wenn ich mich mit meinem Fell reibe ...

Mit einem Luftkissenboot kann man doch auch im Wasser landen, oder?

Der Wankelmotor besteht aus einer runden Scheibe und hat drei Ecken.

Chemie

> Die Wissenschaft, die nicht nur das Vorkommen und die Eigenschaften von Stoffen erforscht, sondern auch deren Herstellung, fasziniert die Schüler dann besonders, wenn es der Lehrer rauchen und krachen lässt.

Wir nehmen jetzt die Halogene durch. Ob wir's machen oder nicht …

Wenn ihr jetzt ruhig seid, könnte man Rauchwolken sehen.

Wir sehen jetzt eine nichtleuchtende Flamme.

Durch eine neue Reinigungsmethode auf sauberster Urangrundlage gelang es bisher zwar nicht, frische Teerflecken, jedoch einen über 800 Jahre alten Marktflecken spurlos zu entfernen.

Metalle glänzen. Warum glänzen Aluminiumfensterrahmen nicht? – Schüler: Weil sie schmutzig sind.

Ist doch egal, wie ich Weinsäure aufschreibe. Stimmt sowieso nicht.

Das Wichtigste ist, dass während eines chemischen Versuches nichts passiert. Was vorher oder nachher ist, ist mir egal.

Der Nachteil des neuen Chemiesaals ist, dass es im Sommer heiß ist. Dafür ist es im Winter kalt.

Wenn du mir einen Versuch sagen kannst, den ich mit dir machen kann, dann mache ich ihn. – Klasse: Wir sind gegen Tierversuche.

Natrium in Wasser – wir sehen also, dass Natrium sehr nervöse Bewegungen durchführt. – Schüler: Klar – es macht das zum ersten Mal.

Manchmal ist blau keine Farbe, sondern ein Zustand.

Biologie

> Nicht nur über reines Beschreiben lernen die Schüler die Zusammenhänge der Lebensvorgänge bei Pflanzen, Tieren und Menschen, sondern auch durch vergleichende Betrachtung, wobei die notwendigen Anschauungsobjekte jederzeit zur Verfügung stehen sollten.

Wenn ein Kind plötzlich blaue Augen hat und die Eltern und Großeltern nicht, dann muss das nicht der Briefträger gewesen sein.

Ein Ochse ist nicht sehr für Züchtungen geeignet.

In Australien hat sich eine Leihmutter bereit erklärt, ein Kind auszutragen. Die Eltern des werdenden Kindes sind bei einem Verkehrsunfall zur Welt gekommen.

Ich habe hier ein Vogelskelett. Es ist nicht ganz perfekt, sozusagen imperfekt.

Die Methoden zur Beseitigung der Unschuld wurden immer besser.

Das ist ein Eier.

Kängurus unterscheiden sich in der Sprung- und Schwanztechnik.

Und jetzt zur biologischen Evolution: Daran war auch ein Mann beteiligt.

Ich habe heute meine Niere nicht da.

Letzten Endes kommen wir jetzt zum Dickdarm.

Erdkunde

> Das Kennenlernen und Erforschen von Landschaften und deren Klima, Kulturen und Wirtschaftsformen mag manchem Schüler die Entscheidung, welches Ziel für die nächste Klassenfahrt auszuschließen ist, erleichtert haben.

Rinder und Schweine haben wir schon einmal erwähnt, und zwar im Kapitel »Bevölkerung«.

Was ist die Ursache für die geringe Einwohnerzahl von Schweden? – Schüler: Killerelche.

Bei den Everglades treiben sich Alligatoren herum, Wasservögel und Touristen.

Die Genossenschaftswohnung ist nicht vererbbar. Nach dem Tod muss man ausziehen.

Früher gab es Tausch. Also Ware gegen Ware, zum Beispiel drei Schafe gegen eine Frau.

Es wurden quadratkilometerlange Wohnblöcke errichtet.

Wenn die Bauern zum Beispiel zehn Eimer Milch hatten, mussten sie einen bestimmten Anteil hergeben, und es blieben ihnen dann zum Beispiel nur neun Eimer Bier übrig …

Ihr braucht mir nicht zu sagen, wie man die Skizze beschriftet. Ich mache das seit 100 Jahren.

Jetzt gehe ich nach Mitteleuropa hinein.

Wie so ein Föhn entsteht, glaube ich, ist jedem klar. Weiß das noch jemand?

Im Gebiet von Köflach wird Braunkohle angebaut.

Wer weiß den Unterschied zwischen Sommer- und Winterweizen? – Bauernkinder vor!

Geht man 2000 Meter vorwärts, sieht man, wie die Berge sich decken.

Moskau – Wladiwostok, welcher Strecke entspricht das in Österreich?

Wie weit ist Brasilia vom westlichsten Punkt Brasiliens entfernt? Schüler (eine Landkarte studierend): 14,5 cm!

Der erste Europäer in Südamerika war ganz unabsichtlich dort.

Kunst, Musik und Sport

> Das Emotionale wird vor allem in den musischen Fächern gefördert. Bisweilen verschaffen sie als Anregung für die Schüler auch aufschlussreiche Einblicke in Gefühle, Vorstellungen und Wünsche bedeutender Persönlichkeiten ...

Jetzt spiele ich ein Stück vierhändig!

Die Noten von dem Stück sehen zwar chaotisch aus, aber es ist trotzdem schwer zu spielen.

Stell dich auf den Tisch, mach die Augen zu und schau die Zeichnung an!

Traum und Wirklichkeit. Warum stehst du nicht in der Ausstellung?

Auf die Nachricht, dass Mädchenturnen entfällt: Also üben nur die Knaben ihren Leib. Aber nur den eigenen, wenn's geht!

Früher wurden diese Teile von Kastraten gesungen. Die sind mittlerweile ausgestorben.

Dvořák schrieb in Amerika die 5. Symphonie, nur weil er nicht Englisch konnte, denn sonst hätte er sich stattdessen im Etablissement herumgetrieben.

Man kann sagen, Bach hat sich durch Sex fit gehalten (elf Söhne und neun Töchter).

Auch der Bruder von Bach war sehr gebärfreudig.

Schubert war arm und hatte ständig Hunger. Er ernährte sich hauptsächlich von seinen Freunden.

Über Tannhäusers Aufenthalt im Venusberg: Ihr müsst euch vorstellen, das war damals so, wie wenn einer heute im ärgsten Pornoclub gewesen wäre.

Kennt ihr die Legende von Christophorus? – Schüler: Ist das nicht ein Hubschrauber?

Die Zahl Sieben im ›Freischütz‹ ist eine magische Zahl. – Warum? – Nun, sieben ist drei plus vier.

Bruckner hatte ein verkapptes Verhältnis zu Frauen, sagen wir es einmal vorsichtig.

Beim Volkstanz: Auf die Oberschenkel schlagen! Auf die eigenen!

Für dich wird Mozart auch immer nur ein Schokoladenfabrikant bleiben.

Wir haben keine Sexualkunde. Aber einen Tipp kann ich den Mädchen ja geben: Also, wenn die Stimme tief wird, heißt's aufpassen.

Die Oper ›Elektra‹ von Richard Strauss ist fast so stark wie ›Die Straßen von San Francisco‹.

Eigentlich heißt »Coda« – hmm – Anhängsel oder etwas noch Schlimmeres.

Psychologie

> Wegen seiner Vielfalt lässt sich die Psychologie nicht immer vom Begriff Seele ableiten, allenfalls dann, wenn ein Schüler darunter leidet, dass sein Verhältnis zu diesem Fach angeblich durch seinen sich noch entwickelnden IQ-Wert getrübt ist.

Also, wenn von einem besonders bejahenden Urteil und einem teilweise verneinenden Satz eines wahr ist, dann muss das andere falsch sein. Also, wenn man zum Beispiel sagt: »Alle Lehrer sind dumm!«, dann kann nicht gleichzeitig stimmen: »Einige Lehrer sind klug!«

Voraussetzung für den Geschlechtstrieb? – Schüler: Frauen. – Ja, keine schlechte Antwort, aber nicht von dir gekommen, sonst hätte man sagen können, du weißt wenigstens die Richtung.

Die beiden ... die beiden ... äh, wie heißen sie jetzt? ... ach ja: Mann und Frau!

Die Bewegung in der Ehe wird nie langweilig.

Also: Die Aspekte der modernen Logik: Disjunktion, Exjunktion, Kontrajunktion. Wisst ihr, worum es da geht? Nein? Dann lassen wir es!

In der Pubertät schaut der junge Mensch in den Spiegel und sagt: »Wuuh! Das bin ich!«

Beim Psychiater legt man sich auf die Couch und redet und wird immer ruhiger und schläft ein. Und der Psychiater schläft auch ein, und wenn man aufwacht, ist man ruhig.

Zwei IQ-Punkte weniger, und er bellt. – Angesprochener Schüler: Was ist IQ?

Zu einem sehr großen Schüler: Das Gedächtnis und die Lebenslänge sind proportional zur Körpergröße. Jetzt brauchst du aber keine Angst zu haben. Es ist nicht so schlimm.

Zur Selbstregulierung der Triebe: Ich sauf ja nicht, bis ich kotze!

Was versteht man unter Reizintensität? Nein, jetzt habe ich eine blöde Frage gestellt. Intensitätsschwelle habe ich gemeint. Nein, Qualitätsschwelle möchte ich wissen. Ach, setz dich hin! Heute wird nicht geprüft. Ich bin nicht zurechnungsfähig.

Und nun kehr ich zum Selbstmord zurück.

Selbstmord schreibt man groß. Ist ja auch eine wichtige Angelegenheit.

Auch Tote können noch reden.

Der Weg geht vom Allgemeinbegriff – »Papa« ist zunächst alles, was Hosen anhat – zum Individualbegriff.

Wenn damals der Robert Lembke sein Fragespiel ›Was bin ich‹ machte, war das auch eine »Determination«. Zuerst kreuzte der Gast an: »selbstständig oder angestellt«. Dann fragte man ihn: »Sind Sie an der Herstellung einer Ware beteiligt?« – Und zum Schluss blieb dann über: »Kaninchenfurzfänger!«

Da hat man einmal einem Hund einen Ballon einoperiert und aufgeblasen. Der Hund hat tagelang nichts gefressen. Man musste den Ballon aber dezent aufblasen, dass es den Hund nicht zerreißt oder dass er davonfliegt – irgendwohin …

Sag einem Depperten, dass er deppert ist. Er wird es dir nicht glauben, nun, weil er deppert ist.

Wenn einer dauernd sagt: »Das ist ein Problem, und das ist ein Problem, und das ist ein Problem …«, dann ist das zwar kein Fehler, aber dann wird es problematisch.

Geschichte

> Trotz noch so fesselnder
> Präsentation historischen
> Geschehens durch den Lehrer
> soll es Schüler geben, die
> davon träumen, dass auch
> die Geschichtsstunden bald
> Geschichte sein mögen.

Im Großen und Ganzen waren alle herrschenden Frauen verkleidete Männer.

Haben die Ägypter zuerst die Pyramiden gebaut und dann die Gänge eingemeißelt, oder haben sie die Gänge gleich gebaut?

Die Phönizier trieben Handel mit den Ländern, die sie anschifften.

Kannst du dich bitte jetzt mit Geschichte unterhalten und nicht mit deinem Nachbarn? – Schüler: Aber die Geschichte redet nicht mit mir.

Und dann erschlägt Georg den Aufseher mit einem Hammer. – Schüler: War er dann tot?

Schüler: Was, die Päpste haben Kinder gehabt? – Lehrer: Warum denn nicht? Die waren ja nicht impotent.

Bleibt Karl V. Kaiser bis zu seinem Tod? – Schüler: Nein, er stirbt vorher.

Barbarossa war Vertreter welchen Geschlechtes? – Schüler: Des männlichen.

Joseph II. ersetzte die Folter durch Religionsunterricht.

Julius von Ficker ... – Schüler: Ficker? – Schau, Meier, du kannst ja auch nichts dafür, dass du Meier heißt.

Zum österreichischen Staatsvertrag 1955: Er streckte die Hand aus, und der Russe schlug zu ... äh ... schlug ein.

Über den Brand des Justizpalastes bei Unruhen 1927 in Wien: Und pornografische Blätter fielen auf die erregte Masse.

Wir werden uns jetzt die Kämpfe Karls des Großen ansehen. – Schüler: Wieso, haben Sie Fotos?

Ich liebe Frauenbewegungen, solange sie rhythmisch sind.

Marc Anton kam nach Ägypten. Dort ließ er sich in Cleopatra, äh – in Ägypten ließ er sich also nieder.

Moderne Fremdsprachen

> Die Schüler werden nicht nur mit der Sprache, sondern auch mit allen anderen Kulturbereichen eines Landes vertraut gemacht. Dazu tragen auch von den Fachlehrern organisierte Auslandsreisen bei, bei denen sich die Schüler diszipliniert ausnahmslos dem Zweck der Reise widmen trotz noch so attraktiver Ablenkungen ...

Früher haben sie leidlich zwei Sprachen beherrscht. Heute können sie vier nicht. – Wenn das ein Fortschritt ist?

Es heißt nicht »le lune« sondern »la lune« ... Er passt nicht einmal auf, wenn es um weibliche Formen geht.

Ihr zwei da, redet nicht dauernd miteinander, weil Französisch redet ihr sicher nicht. Ihr wollt euch ja verstehen.

Während einer Studienreise: Seid brav! Auch in Paris gelten die Gebote Gottes!

Entweder mit u oder mit u, aber jedenfalls mit u.

Ich habe eine Inszenierung vom ›Sommernachtstraum‹. First Class! Und eine von ›Heinrich V.‹ – Schüler: Business Class!

Aufgrund deines Ausdrucks bleibt bei mir ein Eindruck, bei dir ein Überdruck.

Kannst du nicht englisch reden, du Karnickel?

Mach endlich was in Englisch! – Schüler: Ich tu ja was, aber immer, wenn ich was mache, dann gilt's nicht.

If you are not interested in sleeping, it's a demonstration that you don't want to take part in the lesson.

Lehrer beobachtet die vergeblichen Versuche von Schülern, Kakaopäckchen in den Papierkorb zu werfen: Das entspricht euren Englischleistungen: alles daneben.

Die griechischen Frauen durften nicht aus dem Haus – ausser zum eigenen Begräbnis.

Alte Sprachen

> Das Studium der alten Sprachen, insbesondere der lateinischen, führt unter anderem zum besseren Verständnis unserer Kultur und schließlich auch zu vertiefenden Einsichten in die deutsche Sprache. Im Gegensatz zum Deutschen kann der Schüler in Latein eine positive Note erwarten, auch wenn er diese Sprache nicht fließend spricht.

Nichts Wichtigeres als Latein gibt es nicht.

In der Lateinstunde zu sterben ist ein grausamer Tod.

Ein griechisches Wort. Es kommt aus dem Griechischen.

Die griechischen Frauen durften nicht aus dem Haus – außer zu ihrem eigenen Begräbnis.

Ganz Italien hatte schon damals das Bürgerrecht – zumindest bis zum Po.

Voluptas ist hier Freude ... Lust auch ... lassen wir lieber Freude.

Ich sehe, die Geschlechter gehen noch nicht. Ich werde einen Zettel abziehen müssen.

Als die Griechen nach Troja aufbrechen wollten, herrschte Windstille und Sturm ... was weiß denn ich!

Bis morgen üben: Konjunktiv Präsens, aber in allen Zeiten!

Sallust war von verkehrter Veranlagung.

Das Verb »se tradere« heißt »sich übergeben« oder so irgendwas!

Schüler: Darf ich aufs Klo gehen? – Nein, das ist eine reguläre Lateinstunde. Du sollst Latein übersetzen oder zuhören – und nicht eine rauchen.

Wenn du zu deinem Freund sagst: »Ich liebe dir«, jagt er dich weg.

Tacitus sagte: Die Germanen hatten noch Kernkraft.

Er macht in Latein Latein – erstaunlich.

Die Deklinationen müssen heruntergerattert werden. Beginne jetzt endlich! – Schüler: hic – haec – hoc – huius – … Lehrer: Nicht so schnell, ich komm sonst nicht mit!

Cäsar stellte in Gallien zwei Legionen auf und ging ein.

Woher hast du deine Latein-Hausaufgabe? – Schüler: Ein Gott gab sie mir ein. – Lehrer: Für diese Antwort sei dir alles verziehen!

Die mündlichen Vokabeln machen wir das nächste Mal von Anfang an schriftlich.

Deutsch

> Neben der Freude an der Schönheit der Sprache und der Literatur vermittelt der Deutschlehrer die Fähigkeit, sich sprachlich klar auszudrücken. Spätestens beim Abitur sollte auch der Schüler in ganzen Sätzen reden können ...

Lies den Text aufmerksam durch und wähle zwei davon aus!

Jetzt prüfen wir ihn, und dann machen wir die Jungfrau fertig (die von Orleans).

Die Jungfrau wird getötet, und der Schluss endet.

Goethes Erlebnisse mit Charlotte Buff ... (Lachen). – Na ja, kannst nix machen.

Er stach Kunigunde mit seiner Männlichkeit in die Augen.

Wir sind mitten in der ›Braut von Messina‹ stecken geblieben.

Margarethe ist die Erfolgsleiter, die er besteigt.

Einen Akt in zehn Szenen, ihr wisst schon, was ich meine ...

Im Deutschen betont man einen Teil des Satzes, indem man ihn betont.

Am Montag kommen einige zur Wiederholung dran, zum Beispiel Hugo von Hofmannsthal.

Manche Leute kaufen sich Bücher als Wandschmuck: Schiller in Grün, passend zur Tapete und so.

Die Brecht-Kassetten haben von selbst gewusst, dass sie nicht in unsere Schule gehören.

Brecht hat die ›Mutter Courage‹ mit 40 geschrieben: Als was könnte man das bezeichnen? – Schüler: Alterswerk. – Lehrer: Alterswerk mit 40? Na ja …

Überlebt der Gefangene die Situation, dann ist er frei, überlebt er sie nicht, dann stirbt er.

Schüler: Der Jäger wird am nächsten Tag hingerichtet und verliert dabei seinen Kopf. – Lehrer: Ja, natürlich, wozu braucht er ihn denn noch, wenn er schon hingerichtet wird?

Das war ja schrecklich heute, das geht ja zu wie beim Faust in der Walpurgisnacht. Da war auch so ein Schreien und Wehklagen, Lachen und Weinen, Kichern und Schnaufen von überallher. Das war ja schrecklich für den Faust. Deswegen hat er es ja auch nicht ausgehalten. Ja, *er* hat's nicht ausgehalten, und *ich* muss jetzt Unterricht halten …

Ich werde jetzt an die Tafel sinnlose Wörter schreiben.

Nicht »zu was«! Es heißt »wozu«! Also zu was haben wir die deutsche Grammatik?

Schüler: Wie schreibt man »Ein Leben lang«? – Lehrer: »Ein Leben« groß, den Rest lang.

Alle Klarheiten beseitigt? – Ja. – Sehr gut, das ist die Aufgabe des Deutschunterrichts.

Und diese Geschichte hat etwas sehr Bemerkenswertes. – Sie hat nämlich am Schluss einen letzten Satz.